Rabenau

Schicksale im Büro

KOMA

KOMA
Postfach 128
CH-8194 Hüntwangen

Buchdesign:
Arifé Aksoy

Schicksale im Büro

© 2001 by Dithard von Rabenau
für die 2.Auflage
Druck: werk zwei
Print + Medien Konstanz GmbH
Printed in Germany
ISBN 3-9521646-8-2

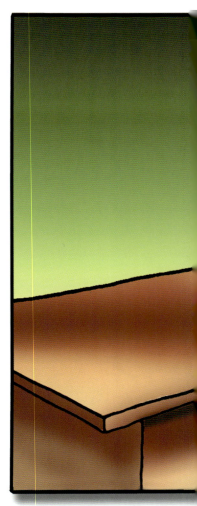

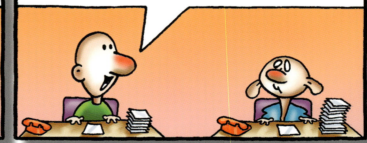

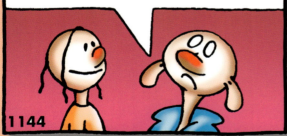

Cartoon-Stories für stille Jäger
ISBN 3-9521646-6-6

Cartoon-Stories für Hund und Herrchen ISBN 3-906777-23-5

Cartoon-Stories für die, die es nicht lassen können ISBN 3-9521646-7-4

Cartoon-Stories über eine schwierige Beziehung ISBN 3-9521646-5-8

Cartoon-Stories für die weissen Monate ISBN 3-9521646-3-1

Cartoon-Stories für Krankenbesuche ISBN 3-9521646-4-X

Cartoon-Stories für Engel und Bengel ISBN 3-906777-01-4

Cartoon-Stories für Autofahrer und Fußgänger ISBN 3-906777-02-2

Cartoon-Stories für Liebende und Leidende ISBN 3-906777-00-6